i y i   k i   k i t a p l a r ı m   v a r . . .

*Canım Eşim Ebru'ya...*

● TİMAŞ YAYINLARI ●
İSTANBUL 2025

**Yayın Yönetmeni** Savaş Özdemir
**Proje Editörü** Yalçın Yaman
**Kapak Tasarımı** Esra Burak
**İç Tasarım** Nur Kayaalp

**17. Baskı** Mayıs 2025
**Uluslararası Seri No** (ISBN) 978-605-08-4723-9

**TİMAŞ YAYINLARI**
**Adres** Bahçelievler Mah. Zübeyde Hanım Cad. No: 8
Üsküdar / İstanbul
**Telefon** (0212) 511 24 24
**E-posta** timascocuk@timas.com.tr

**Baskı ve Cilt** WPC Matbaacılık
**Sertifika No** 50884
**Adres** Osmangazi Mah. Mehmet Deniz Kopuz Cad. No: 17-1
Esenyurt / İstanbul
**Tel** (0212) 886 83 30

TİMAŞ YAYINLARI / 5800
Umutlu Kitaplar / 24
RAF: 6-10 YAŞ ÖYKÜ/HİKÂYE
KÜLTÜR BAKANLIĞI YAYINCILIK SERTİFİKA NO: 45587

Kitap kahramanı Moni'nin ilk örneklerini Hüseyin Sönmezay çizmiştir.

# ÇANTAMDAN FİL ÇIKTI

MERT ARIK

RESİMLEYEN
SERDAR TURALİ

timascocuk.com

## MERT ARIK

Sıcak bir yaz günü Adana'nın Seyhan ilçesinde, kitaplarla dolu bir evde dünyaya gelen Mert Arık, hayallerini gerçekleştiren bir yazar ve öğretmendir. Mersin Üniversitesi'nden mezun olduktan sonra çocukluk hayali olan öğretmenlik mesleğine adım atan Arık, çocukların hayal dünyalarını zenginleştirmek için yazmaya başladı. Timaş Çocuk tarafından yayımlanan eserleri kısa sürede satış rekorları kırdı ve büyük beğeni topladı. Özellikle "Çantamdan Fil Çıktı" kitabı, "2023 Yılının En İyi Çocuk Kitabı" ödülünü kazandı. Başarısı sadece kitaplarla sınırlı kalmayan Arık, BluTv'de çizgi film uyarlamaları ve senaryoları ile de adını duyurdu. Rüya ve Güneş adında iki kızı ve yüzlerce öğrencisi bulunan Arık, tren yolculuklarını, mavi-lacivert renklerini ve kütüphane sessizliğini çok seviyor. BİLSEM Okullarında sınıf öğretmeni olarak görev yaparken, bir gün tüm dünya çocuklarının keyifle izleyeceği bir animasyon filmi yazma hayalini de yaşatmaya devam ediyor. Sosyal medyada @mertarik100 kullanıcı adıyla takipçileriyle buluşuyor.

## SERDAR TURALİ

Trabzon'da doğdu. Lisansını Karadeniz Teknik Üniversitesinde, yüksek lisansını Yıldız Teknik Üniversitesinde tamamladı. Küçükken evinin demir parmaklıklı pencerelerine oturup kuşları, böcekleri, ağaçları seyretti. Seyrettiklerini de hemen kâğıtlara çizdi.
O zamandan beri çizmeye devam ediyor. Yazılanları hayal gücüyle birleştiriyor. Hortumu gökyüzüne uzanan fillerle çay içip yıldız toplayan çocukları seyrediyor. Bazen de kuşlarla ve kocaman ejderhalarla sohbet ediyor. Arıları kimin kızdırdığını çok merak ediyor. İlerleyen süreçte bununla ilgili bir araştırma yapmayı hayal ediyor.

# HAYAL ET! OYUN BAŞLASIN!

Öğretmen, bir sabah elinde mavi bir çantayla sınıfa girdi.

- Günaaaaydın çocuklar, dedi.

- Günaydın öğretmenim!

Öğretmen, elindeki çantayı gösterdi.

- Bugün sizlerle çok eğlenceli bir oyun başlatacağız. Hazır mısınız?

Tüm sınıftan coşkulu bir ses yükseldi:

- Eveeeeeeet!

- YA-ŞA-SIIIIN!

Öğrenciler sevinçle havaya zıpladı. Herkes oyun oynayacağı için çok heyecanlanmıştı.

- Çocuklar, bu gördüğünüz mavi çanta, benim oyun çantam. Çocukken bu çantamı alır, içinden çıktığını düşündüğüm her şeyle saatlerce oyunlar oynardım.

Moni:

- **Oyun çantası mı? Vay canına!**

Tüm öğrenciler mavi çantayı incelemeye başladı. Aslında sıradan, normal bir çantaydı.

Öğretmen sordu:

- Sizce bu çantadan oyun oynamak için neler çıkabilir?

**OYUN BAŞLAMIŞTI!**

Herkes düşünmeye başladı. Sınıfta ilk parmak kaldıran İnci oldu.

İnci, kalemini gösterdi.

- Çantamdan bir kalem çıkabilir öğretmenim.

Taci:

- Bir kitap çıkabilir!

Mete, elindeki defteri salladı.

- Çantadan bir defter çıkabilir öğretmenim, dedi.

Moni ise sadece düşünüyordu.

Rüya, Güneş, Raci ve Naci, tüm öğrenciler sırayla cevap vermeye devam ediyordu. Bir kalemtıraş, cetvel, pergel, silgi, kalemlik, suluk...

Öğretmen, gelen tüm cevapları onaylayarak kafa sallıyordu ama onun aradığı bambaşka bir cevaptı. Daha heyecan verici bir şeyler arıyordu. Elbette bir çantadan kalem, defter, kitap gibi kırtasiye ürünleri çıkabilirdi. Bunlar akla gelecek ilk cevaplardı. Bir ders boyunca pek çok cevap gelmişti.

Öğretmen, çocukların söylediği cevapları tahtaya yazdı, sonra da sınıfın en arkasına gitti. Ellerini bir dürbün gibi yapıp gözlerine götürdü. Çocukların hayal kurmasını bekliyordu.

- Hımm, bunlar hoplayıp zıplayacak, bizimle oyun oynayacak gibi durmuyor. Haydi, daha zengin hayaller kuralım, dedi. Çocukların cevabı düşünmeleri için birkaç gün daha vardı. Herkes

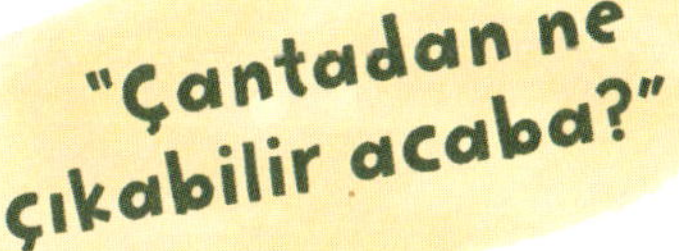


diye gece gündüz düşündü. Sıra dışı bir cevap arıyorlardı ama bir türlü bulamıyorlardı.

Bu arayış başka günlerde de devam etti. Ve öğretmen bir sabah öğrencilerine ipucu vermek istedi.

- Hayal gücü, çok zengin bir hazine sandığıdır. Onun içinde, bakmasını bilenlerin görebileceği çok değerli şeyler gizlidir. Her şey bir hayalle başlar. Arabalar, bilgisayarlar, uçaklar... Bunların hepsi bir zamanlar sadece bir hayaldi. İnsanlar önce hayal etti. Sonra o hayaller gerçek oldu. **Her oyun da bir hayalle başlar. Hayal kurduğumuzda oyun oynamaya başlarız.**

Moni, tam o esnada büyük bir heyecanla parmak kaldırdı. Jeton düşmüştü.

- Çantadan bir elma çıkabilir öğretmenim, dedi.

Öğretmen, hemen Moni'nin yanına geldi. Onda farklı bir şeyler olduğunu biliyordu. Moni, anlatmaya devam etti:

- Çantadan her şey çıkabilir. Çok sıradan şeyler de çıkabilir. Çok sıradan bir şeyi hayal kurarak sıra dışı bir şeye dönüştürebiliriz öğretmenim.

Öğretmen, bu sefer etkilenmişti. İşaret parmağını salladı.

**- İşte bu, muazzam bir fikir!**

Öğretmen, günlerdir aradığı cevabı bulmuştu. Sınıfa döndü.

- Pekâlâ, çantadan çıkan bir elma olduğunuzu hayal edin. Bir elma olsaydınız en büyük hayaliniz ne olurdu, diye sordu.

Moni güldü:

- Ben elma olsaydım, bir çocuğun beslenme çantasında elmalı kurabiye olmak isterdim öğretmenim, dedi.

Taci:

- Ben elma suyu olmak isterdim öğretmenim.

İnci:

- Ben sanırım elma reçeli olurdum öğretmenim. Buzdolabında saklanır dururdum. Tam bana göre! Bu çok eğlenceli!

Öğretmen:

- İşte böyle... Bakın, elmalar hayal kurunca oyunlar da başlıyor.

Öğretmen, mavi çantayı öğrencilerine verdi. Çanta artık öğrencilerindi. Bu çantadan çıkan her şeyle ilgili hayal kurulabilirdi. Bir elma, bir armut, bir araba, bir çiçek... İstedikleri her şeyle oyun oynayabilirlerdi.

Öğretmen:

- Pekâlâ, ödevinizi veriyorum, dedi.

Tüm öğrenciler kâğıt kalem çıkarıp heyecanla not almaya başladı.

- Yıl sonunda hayal gücünüzle muhteşem bir oyun tasarlamanızı istiyorum. Bu her zamanki gibi bir ekip çalışması olacak. Hep birlikte bol bol oyunlar oynayacaksınız. Hayaller kuracaksınız. Çantalarınızdan bir sürü oyun çıkaracaksınız. Tasarladığınız oyunu yıl sonu gösterilerinde beraber oynayacağız. **Anlaştık mı?**

Çocuklar heyecanla bağırarak havaya zıpladı.

Harika bir oyun tasarlayacaklardı. Teneffüs zili çalınca oyun oynamak için neşeyle bahçeye koştular.

# OYUN KAHRAMANINI SEÇ

Oyun oynarken önce kendilerine bir kahraman seçmeleri gerekiyordu. Bunun için oyun karakterlerini düşünmeye karar verdiler.

Moni, okul bahçesinde hangi kahramanı seçeceğini düşünürken heyecanla seslendi:

**- Bulduuum! Çantamdan fil çıktı.**

MUHTEŞEM BİR FİKİRDİ!

Parola buydu. Çantadan ne çıkarsa oyunun konusu olacaktı.

Çocuklar bir fil gibi ortalıkta gezinmeye başladı. Derin bataklıklarda, uçsuz bucaksız çöllerde, geniş savanlarla kaplı bölgelerde maceradan maceraya koştular. Filler gibi nehirlerden kana kana su içtiler. Taptaze otları afiyetle yediler.

Filler de hayal kurabilirdi. Fil oyunları oynadılar. Yağmur ormanlarında koşturdular. Ağaçlara tırmandılar. Şarkılar söylediler. Hortumlarıyla gökyüzünden yıldız topladılar. Yıldızlarla yeryüzünde top oynadılar. Devasa ağaçlarla dolu gizemli bir ormanda define aradılar. Bir karıncayla dans ettiler. Göl kenarında tanıştıkları hipopotamla birlikte yağmur damlalarını teker teker boyadılar.

## FİL OLMAK ÇOK EĞLENCELİYDİ!

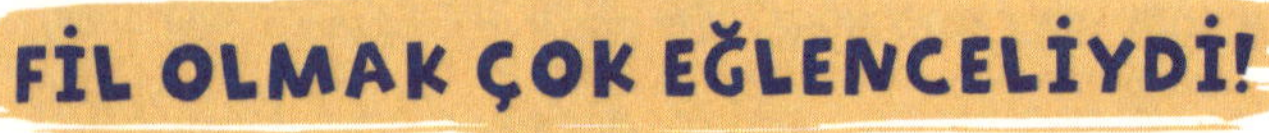

İnci, bu oyunu çok sevmişti. Bir sabah o da hangi kahramanı seçeceğini düşündü.

- Benim de çantamdan İncinaz çiçeği çıktı, dedi.

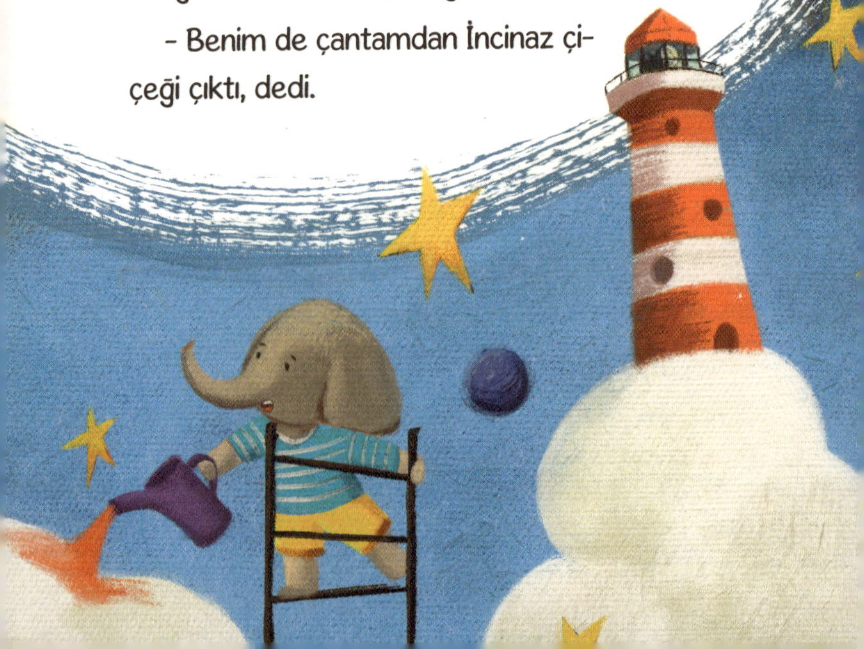

Taci:

- İncinaz çiçeği mi? Böyle bir çiçeği ilk kez duyuyorum. Gerçek dünyada İncinaz çiçeği var mı, diye sordu.

İnci cevapladı:

- Bana sorarsan İncinaz çiçekleri vardır. Nereden mi biliyorum? Çünkü ben bir İncinaz çiçeğiyim.

Mete merakla sordu:

- Nasıl bir çiçekmiş o?

İnci, oyun kahramanını arkadaşlarına anlatmaya başladı.

- Ben nehir kenarlarında yetişirim. Suyu çok severim. Dağları, tepeleri süpüre süpüre gelen **buuuz** gibi soğuk suların sesiyle büyürüm. Dağın tüm havasını taşıdığım için çok güzel kokarım. Her bir yaprağım farklı renklidir. Dikenlerim canınızı **hiiiiç** acıtmaz. Hatta bu komik gelebilir ama dikenlerime dokunduğunuzda **gıdı gıdı** diyerek sizi gıdıklayabilirim. Belki inanmayacaksınız ama çok ilginç bir özelliğim daha vardır: Ben, konuşan bir çiçeğim.

Mete'nin gözleri bir anda şaşkınlıktan fal taşı gibi açılmıştı.

- Neee? Bu kadarı da fazla. Amma da abarttın ha İnci. Nerede görülmüş bir çiçeğin **gıdı gıdı** yaptığı ya da konuştuğu? Olacak şey mi?

- Evet! Gıdı gıdı yaparım. Konuşurum. Hızla koşarım çünkü ben oyun oynuyorum. Hayal ettiklerimi yapabilirim. Hatta Mis Kokulu Çiçekler Okulu'na giderim. Okulda arkadaşlarım vardır.

Öğretmenim yüzyıllık bilge bir Çınar Ağacı'dır. En sevdiğim arkadaşım Papatya Kafa'dır. Eve geldiğimde babam bana mis gibi kokan sıcacık çorbalar pişirir. Annem, benimle nehir kenarlarında **Çiçek Oyunları** oynar. Itırnaz adında da çok sevdiğim bir çiçek kuzenim vardır.

Mete, oyunu anlamıştı. Seçtikleri kahramana bir hikâye yazıyorlardı.

- Sen İncinaz çiçeğiysen ben de Metecan adında bir balığım o zaman, dedi.

O da kahramanını anlatmaya başladı.

- Ben **KOCAMAAAAAAN** bir balinaya benzerim. Kıpkırmızı bir rengim ve bir boynuzum vardır. Gözlerimin rengi her gün değişir. Bazen mor, bazen turuncu olur. Canım nasıl isterse dünyayı o renkte görürüm. Bu da benim en büyük keyfim işte! Gözlerim o kadar iyi görür ki **ÇOOOok** uzaklardaki bir sineğin kanat çırpışını bile görebilirim. 29 sayısını, renkli taşları ve marul salatasını çok severim. Ailemle birlikte küçük bir gölette huzur içinde yaşarım.

İnci:

- Küçük bir gölette mi? Neden okyanusta yaşamıyorsun koca balık, diye sordu. Okyanus senin için daha eğlenceli olmaz mıydı?

- Fark etmez. Okyanusta yaşamak daha keyifli olsa da artık herkes kendi göletinde yaşıyor, dedi Moni.

Oyun aslında çok basitti. Bu oyunda çantadan herkes kendi hayalindeki kahramanı çıkarıyordu.

Çocuklar oyuna iyiden iyiye ayak uydurdu. Çantadan kendi kahramanlarını çıkarıyor, kahramanlarının fiziksel veya kişisel özelliklerini kendileri belirliyordu.

O gün sınıftaki tüm çocuklar kendi bitkilerini, hayvanlarını anlattı. Kahramanlarından bahsettiler. Hayallerinde yaşayan ne kadar çok canlı vardı.

Aslında kahramanlarının illa canlı olmasına da gerek yoktu. Mesela Taci'nin kahramanı bir fotokopi makinesiydi. O da kahramanını anlatmaya başladı.

- **Açılın bakaaaalım! Ben geliyorum. TACİKOPİ!** Ben bir fotokopi makinesiyim. Taklit yeteneğim çok gelişmiştir. Hafızam çok iyidir.

Her şeyi çok kolay ezberlerim. Evimizin hemen yakınlarında bulunan Küçük Ev Aletleri İlkokulu'na giderim. Öğretmenim bir Çamaşır Makinesi'dir. Sınıfımızda Ütü, Mutfak Robotu, Kahve Makinesi, Süpürge, Tost Makinesi ve daha birçok küçük ev aleti arkadaşım vardır. Benim en iyi arkadaşım Kahvenaz'dır. Kendisi bize ders sonlarında sütlü kahveler yapar. Afiyetle içeriz.

Çocuklar, Tacikopi'nin hikâyesine bayılmıştı. Herkes büyük bir heyecanla onu dinlemeye devam ediyordu.

Çocuklardan biri hikâyenin devamını sordu:

**- Ee, sonra ne oldu? Anlatsana, çok komik!**

Taci de anlatmaya devam etti:

- Öğretmenimin söylediği her sözü noktasından virgülüne kadar tekrarlayabilirim. Bu yüzden derslerden hep "çok iyi" alırım. Okulda sürekli arkadaşlarımı taklit ederim. Onlar ne yapıyorsa aynısını yapmaya çalışırım. Ne yapayım? Bunu çok seviyorum. Düşünsenize, sizin söylediğiniz her şeyi olduğu gibi tekrarlayan bir dostunuz var. Ya da ne yaparsanız aynısını yapan bir sıra arkadaşı... Kabul ediyorum, bu bazen sıkıcı olabilir. Ama arkadaşlarım beni böyle de sevdiler.

Bir fil, bir çiçek, bir balık, bir fotokopi makinesi, bir araba, bir buzdolabı, bir koltuk... Oyun oynarken istedikleri kahramana dönüşebilirlerdi. Hayal ettikleri şey neyse "onu" çantadan çıkarabilir, oyun kahramanlarının hikâyesini herkese anlatabilirlerdi.

Hepsi artık şunu çok iyi biliyordu. Hayal ettiğimiz her kahramanla oyunda olabilirdik.

# HER ŞEYİ OYUNLAŞTIR

Çocuklar yaptıkları her davranışı oyunlaştırmaya karar verdi. Ne yaparlarsa yapsınlar oyun oynuyor gibi yapacaklardı. Mesela kitap okurken sanki oyun oynuyor gibi kitap okuyacaklardı.

Moni:

- Çantamdan kitap çıktı, dedi. Haydiiiiii! Çıkaralım kitapları!

Ve kitap okuma oyunu başladı...

Çocuklar kitaplarını alarak kasabada her yere dağıldı. Eve, pazara, sokağa, okula... Oyun oynar gibi kitap okuyacaklardı.

## "Zıplayarak kitap oku!"

Moni, kasaba meydanında herkesin şaşkın bakışları arasında zıplayarak kitap okuyordu. Daha önce sokakta hiç zıplayarak kitap okumamıştı. Kasabadaki herkes onun neden böyle kanguru gibi zıplayarak kitap okuduğunu merak ediyordu. Onu gören birkaç çocuk da yanına gelip zıplayarak kitap okudu. Bir süre sonra kitabını alan sokakta zıpladı. Kasabanın her yerinde zıplayarak kitap okuma akımı başladı.

## "Komik sesler çıkararak kitap oku!"

Mete, okulda çocuklara komik sesler çıkararak kitap okuyordu. Okurken bazı kelimeleri **uzaaaaaaatıııyoooorduu.** Bazı kelimeleri sessizce söylüyordu. Bazı kelimeleri garip bir şekilde yüksek sesle okuyordu. Okul bahçesinde tüm çocuklar Mete'nin kitap okuyuşunu kikir kikir gülerek dinliyordu. O günden sonra çocuklar okul bahçesinde komik sesler çıkararak kitap okudu.

## "Çadır yaparak el feneriyle kitap oku!"

İnci, eve gider gitmez babasından çadır yapmak için yardım istedi. Çamaşır askılığının ayaklarını açarak yere üçgen şeklinde koydular. Üzerine bir güzel çarşaf serdiler. Çadır hazırdı. İnci, o gün ilk kez çadırda el feneriyle kitap okudu. Bu çoook eğlenceliydi.

## "Rap şarkıcısı gibi kitap oku!"

Taci, rap şarkıları dinlemeyi çok seviyordu. Okul bahçesinde eline mikrofonu aldı. Okuduklarını bir rap şarkısı gibi seslendirmeye başladı.

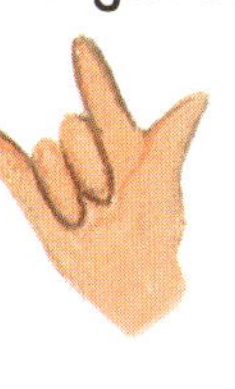

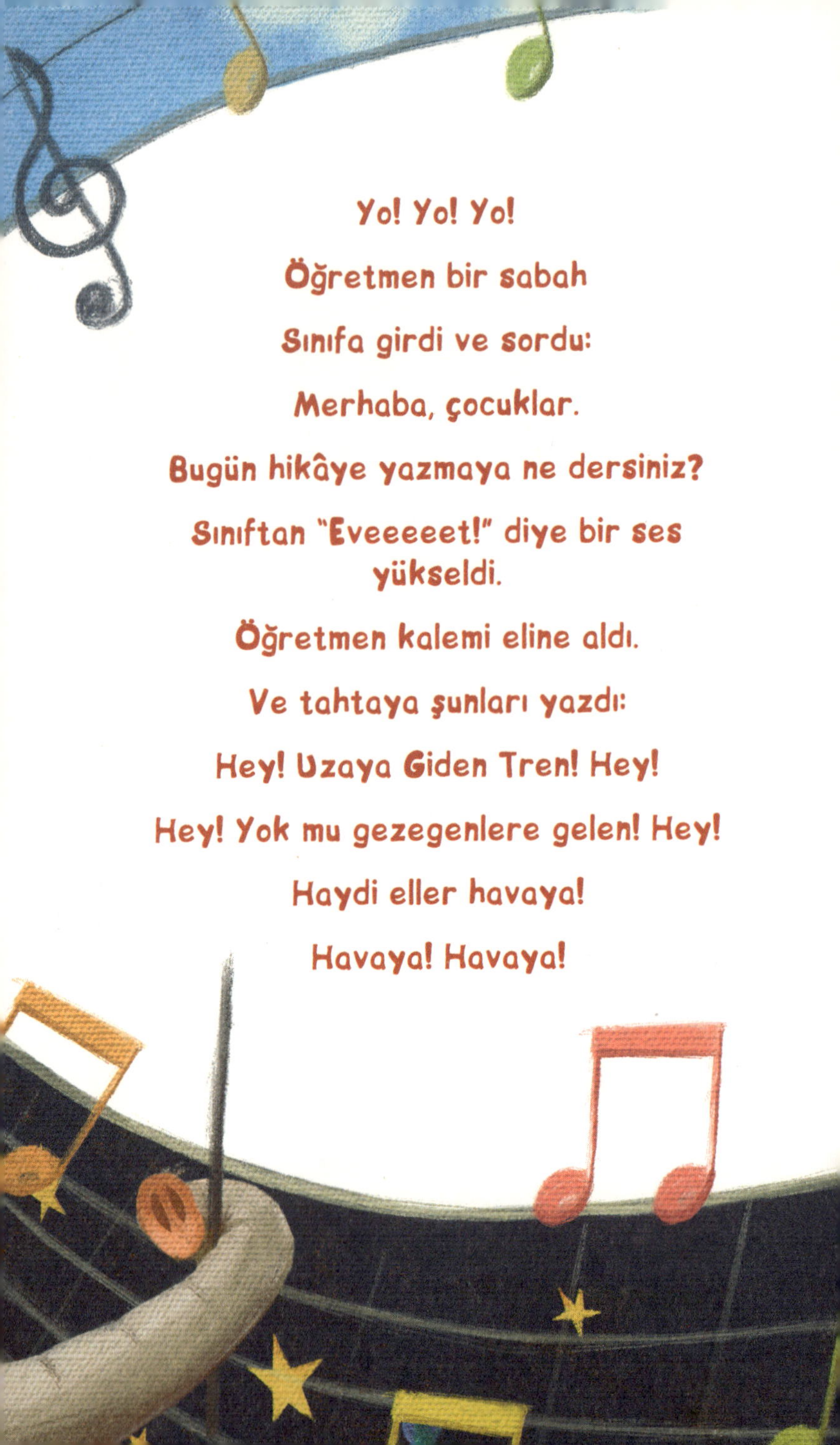

Yo! Yo! Yo!

Öğretmen bir sabah

Sınıfa girdi ve sordu:

Merhaba, çocuklar.

Bugün hikâye yazmaya ne dersiniz?

Sınıftan "Eveeeeet!" diye bir ses yükseldi.

Öğretmen kalemi eline aldı.

Ve tahtaya şunları yazdı:

Hey! Uzaya Giden Tren! Hey!

Hey! Yok mu gezegenlere gelen! Hey!

Haydi eller havaya!

Havaya! Havaya!

## Doğrusu bu çook havalı dostum!

Bahçedeki tüm çocuklar ellerini havaya kaldırarak şarkıya eşlik etti. Ters taktığı şapkası, güneş gözlüğü ve giydiği bol tişörtle tam bir rap şarkıcısı gibiydi Taci. Çocuklar için bir kitabı böyle hızlı okumak oldukça heyecan vericiydi. Bazı çocuklar bu sayede daha hızlı okuyordu. Öğretmenler, hızlı okuma çalışmaları yaparken artık sınıflarında rap şarkısı söylüyordu.

Çocuklar aslında ne yaparlarsa yapsınlar oyun oynayabileceklerini öğrenmişlerdi. Yaptıkları her şeyi oyunlaştırabilirlerdi. Böylece daha eğlenceli zaman geçirebilirlerdi.

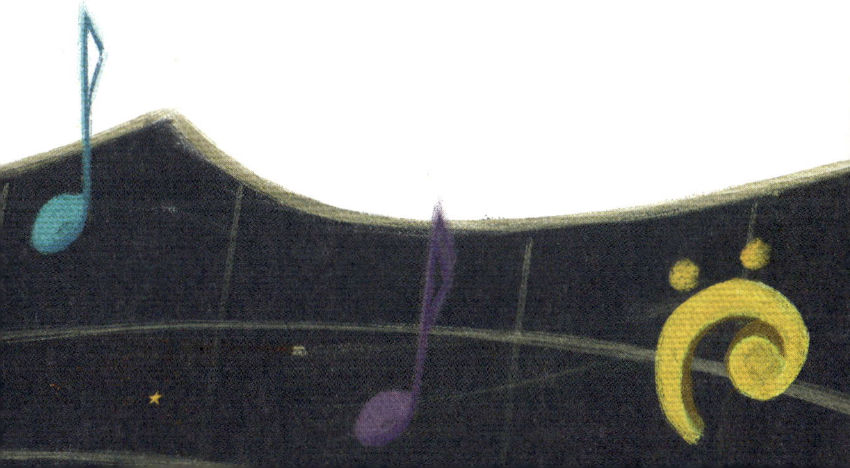

# KARSIZ KAR TOPU OYUNU

Portakal Çiçeği kasabasına uzun süredir kar yağmamıştı. Kasabadaki çocuklar her sabah uyanır uyanmaz "Kar yağmış mı acaba?" diye pencereden dışarı merakla bakıyordu. Çocuklar kar topu oynamayı çok istiyordu ama kar yağmıyordu. Hava bültenlerinde bir türlü kar haberi paylaşılmıyordu.

Moni, güneşli bir sabah okul bahçesinde arkadaşlarına döndü.

- Neden kar yağmasını bekliyoruz ki, dedi. Bilmem farkında mısınız ama kar topu oynamak için kara ihtiyacımız yok.

Hepsi büyük bir şaşkınlıkla konuştu:

- **Nasıl yaniii?**

Bu görülmüş şey miydi? Tüm çocuklar çok şaşırmıştı. Kar yağmadan nasıl kar topu oynayacaklardı ki?

Moni'nin yine nasıl bir plan içerisinde olduğunu merak ediyorlardı.

Moni, bir anda bağırdı.

- Çantamdan kar çıktı!

Çocuklar kar yağmış gibi sevinçle ortalıkta koşturdu.

Moni, kar almak için yere eğildi. Yerden biraz kar almış gibi yapıp elini hızla geri çekti.

- **Offf! Buuuuz gibi! Elim donduuuu! Kar çok soğuuuuuk, dedi zangır zangır titreyen bir sesle.**

Çocuklar ağzı açık bir şekilde şaşkın şaşkın bakmaya başladı. Moni, yine yerden biraz kar alır gibi yaptı. Bu sefer elindeki karı sanki top hâline getiriyormuş gibi sağlı sollu yuvarladı. Elinde gerçekten kar topu tutuyor gibiydi. Kar topunu havaya atıp tuttu. Herkes merakla ona bakıyordu.

Birdenbire kar topunu İnci'ye doğru fırlattı. Böyle bir şeyi hiç kimse beklemiyordu.

**PAAAAAAAAAAAAAAT!!!**

Moni, sevinçle havaya zıpladı.

- Oley be! Tam isabet!

İnci, oyunu anlamıştı. Bu eğlenceli oyunu sürdürmeye karar verdi. Sanki kar topu kafasına isabet etmiş gibi sinirli davrandı.

- Offf! Hayır yaa! O-la-maz! Ne yapıyorsun Moni, diye bağırdı İnci. Saçım bozuldu! Şimdi görürsün sen!

İnci, yerden bir kar topu alır gibi yapıp Moni'yi okul bahçesinde kovaladı. Ortalıkta kahkahalar eşliğinde bir curcuna başladı. Moni kaçıyordu, İnci kovalıyordu.

Çocuklar bu eğlenceli oyunu sevmişti. Hepsi büyük bir keyifle saatlerce kar topu oynadılar. Sonra karsız kardan adam da yaptılar. Burnuna havuç taktılar. Boynuna atkı attılar. O gün doyasıya eğlendiler. Hayalî kar yağışının tadını çıkardılar. Sanki gerçekten kar yağmış gibi mutlulardı. Hatta gerçekten kar yağsaydı belki bu kadar çok eğlenemezlerdi.

Moni haklıydı. Kar topu oynamak için kar yağmasına gerek yoktu. Hayal gücümüz bize yeterdi. **"Çantamdan kar çıktı."** dediklerinde kar yağmış gibi hayal edebilirlerdi. Güneşli bir günde kardan adam yapabilirlerdi. Ne zaman isterlerse kar topu oynayabilirlerdi.

Oyun oynamak için bir şeyleri beklemeye gerek yoktu. Çantalarına bakınca istedikleri oyun başlayabilirdi.

# TOPSUZ BASKETBOL OYUNU

Moni, oyunlarda karşılaştığı problemleri çok seviyordu. Ona göre oyunda bir sorun varsa bir öğrenme fırsatı da vardı. Bir problem varsa bir çözüm de vardı. Problemler onu yıldıramazdı. Pes etmek ona göre değildi. Her zaman, her yerde bir çözüm üretebileceğine inanıyordu.

Bir gün, kasabada basketbol maçı yaparken çocukların topları patladı. Oynayan herkes çok üzülmüştü.

- Keşke patlamasaydı, diyorlardı.

Moni o esnada "Ne yapabilirim acaba?" diye düşünüyordu.

Maçın en heyecanlı anında top patladı diye maçı bitiremezlerdi. Bu oyunun devam etmesi için bir çözüm bulmaları gerekiyordu. Aklına parlak bir fikir geldi.

- Topsuz basketbol maçı yapabiliriz, dedi Moni. Basketbol oynamak için bir topa ihtiyacımız yok.

**TOPSUZ BASKETBOL MAÇI MI? NASIL YANİ?**

Çocuklar arasından bu sefer başka fısıltılar yükseldi.

- İnanılmaaaaaz!!

Bu ilginç fikri duyan herkes şoke olmuştu.

Hayalimizde istediğimiz her şeye sahip olabiliriz. Bir rokete binip uzaya gidebiliriz. Bir gemiye atlayıp dev dalgaları aşabiliriz. Oyunda neye ihtiyacımız varsa çantamızdan onu çıkarabiliriz. Hemen ona sahip olabiliriz. Elbette çantadan çıkan bir basketbol topu da olabilir. Bundan daha kolay ne var ki?

Moni, sahanın ortasına geçip bağırdı.

**- Çantamdan Top Çıktıııı!**

Çocuklar arasında neşeli bir koşturmaca başladı.

Topu sektirdiler. Birbirlerine pas attılar. Şık bir sayı yaptılar. Hatta Mete kendini o kadar oyuna kaptırdı ki bir anda acı içerisinde yerde kıvranmaya başladı.

İnci, panikle bağırdı:

**- Ahhh! Hayır! Mete topa bastı. Acil durum! Sağlık görevlileri, buraya lütfen!**

Mete, yerde o kadar inandırıcı bir şekilde kıvranıyordu ki görenler gerçekten de topa basıp düştüğünü zannedebilirdi. Oyunu çok iyi oynuyordu. Hatta biraz abartıyordu. Bir ara Moni, "Mete, gerçekten topa mı bastı acaba?" diye şüpheye düştü.

Bir siren sesi duyuldu. Moni, İnci ve Taci sağlık görevlisi olup ambulansla olay yerine geldi. Mete'nin ayağına buz tuttular. İncinen bileğini sargı beziyle titizlikle sardılar. Mete'yi sedyeyle saha kenarına aldılar.

Elbette ortada bir buz, sargı bezi, sedye, ambulans falan yoktu. Siren sesini de Moni çıkarmıştı. Bu bir oyundu. Oyun oynamanın en keyifli

yanı da sanki gerçekten varmış gibi yapmaktan geçiyordu. Bu, altın kuraldı.

Mete, gökyüzüne baktı.

- İstersem şimdi Satürn gezegeninde bir hastaneye gidip orada da tedavi olabilirim, dedi. Hayal etsenize; gezegenler arası yolculuk... Oyun oynamak muhteşem bir şey yahu!

Mete, saha kenarında keyifle gülümsüyordu. Oyun oynarken özgürdü çünkü. Bu, **çooook** eğlenceliydi. Mete de eğlencenin tadını doyasıya çıkarıyordu.

Elbette Satürn'de bir hastanede tedavi olmayı tercih edebilirdi. Çantasından bir gezegen çıkarabilirdi. O gezegene giderken karşısına Uzay Korsanları çıkabilirdi. Uzay Korsanları'yla heyecan dolu bir macera başlatabilirdi. Maceraya

SATÜRN DEVLET HASTANESİ
01 ADS 1940

istediği gibi yön verebilirdi. Ya da okyanusun derinliklerinde tam teşekküllü bir Denizaltı Hastanesine gidebilirdi. Sarı bir köpek balığı onun doktoru olabilirdi. Gözlüklü bir ahtapot hemşire ona serum takabilirdi. Şapka takan bir denizanasının eczanesine gidip yarasına merhem arayabilirdi. Oyun içerisinde istediği hikâyenin içine balıklama dalabilirdi.

Mete, **Satürn Devlet Hastanesinde** tedavi olmayı seçti. Satürn gezegeninde tıp çok gelişmiş olacak ki hemencecik iyileşiverdi. Maşallah artık turp gibi sapasağlamdı. Tedavisini olduktan sonra maça geri döndü.

# OLMAYAN NİYAZİ OYUNU

Mete, oyuna döndüğünde kasabalı çocuklar büyük bir şaşkınlıkla topsuz basketbol maçını izliyordu. Bu da neydi böyle? Bir anda kahkaha tufanı koptu. Daha önce böyle bir oyun hiç görmemişlerdi. Çok tuhaf bir oyundu. Tuhaf olduğu kadar da eğlenceliydi. Kasabada bazı çocuklar, topsuz basketbol oynamayı öyle keyifli bulmuştu ki...

Kasabalı çocuklar, hemen beş kişilik bir takım kurdular. Kurulan takım, Moni'nin takımıyla maç yapmak istiyordu. Moni, İnci, Mete, Taci... Bizimkiler dört kişiydi. Karşı takım beş kişiydi. Bir kişi eksikti. Bu oyunu beşe beş oynamaları gerekiyordu.

Moni, oyunun başlayabilmesi için yine bir çözüm bulmalıydı. Aklına gelen ilk fikri söyledi:

- Şu an aramızda Niyazi adında bir oyuncu var. Görmüyor musunuz?

Rakip takımın oyuncuları etrafa merakla bakıp duruyordu. **Hani, Niyazi neredeydi?**

Aslında Niyazi, o esnada orada değildi. Babasının tayini çıktığı için dört ay önce kasabadan taşınmıştı. Arkadaşları onunla basketbol oynamayı çok özlemişti. Dostumuzun yanımızda olması için bize görünmesine ihtiyacı yoktu. Sarı saçlı, uzun boylu, açık mavi gözlü bir çocuktu o. **"R"** hayfini söyleyemiyoydu. Sanki gerçekten Niyazi takımda oynuyormuş gibi maç yapacaklardı. Belki bu sayede birazcık da olsa arkadaşlarıyla özlem gidereceklerdi.

- Biz, aslında şu an beş kişiyiz. Siz, dört kişi göründüğümüze bakmayın, maça başlayabiliriz dediler.

Ve hakem başlangıç düdüğünü çaldı. Heyecan dolu maç başladı. Kasabada herkes pürdikkat

maçı izliyordu. Her iki takım da nefes kesici bir mücadele ortaya koydu. Olmayan Niyazi, sekiz sayı, dört asist bir de ribaund yaptı. Moni'nin takımı, Niyazi'nin son saniyede attığı muhteşem bir sayıyla maçı 24-23 kazandı.

O günden sonra topsuz basketbol oynama fikri kulaktan kulağa yayıldı. Kasabalarda çocuklar arasında en çok konuşulan konu oldu. Herkes bu çılgın fikre bayılmıştı! Eğlence dolu oyunlar kısa sürede çeşitlendi.

- Niyazi sayesinde artık daha ilginç oyunlar üretebiliyoruz, diyordu çocuklar.

Herkes "Olmayan Niyazi" ile birlikte oyunlara hayal dünyasından bir şeyler katıyordu.

Ahhh, bir bilseniz çantalardan neler neler çıkıyordu? Topsuz futbol maçı, ipsiz ip atlama, raketsiz tenis karşılaşması, şahsız satranç mücadelesi, susuz yüzme yarışı... Hayal gücünün sınırlarını zorlayacak bir sürü oyun.

**Harikulade Bir Dünyanın İçine Adım Atmışlardı.**

**BU, OYUN DÜNYASIYDI!**

Elbette bu dünyada oyunlar değişebilirdi. Bazı oyun kurallarını da çocuklar diledikleri gibi değiştirebilirlerdi. İşte, oynadıkları o oyunlardan bazıları şöyleydi:

## Takımlı Satranç Oyunu

Kasabada çocuklar, bir satranç karşılaşmasını altışar kişi oynadılar. Altı kişilik satranç oyununda her bir taş figürünün hareketinden sorumlu bir oyuncu vardı. Takım hâlinde mücadele etmenin keyfini yaşadılar. Birlik olmayı, dayanışmayı, ortak hareket edebilmeyi ve sorumluluk almayı öğrendiler.

## Beşinci Olana Ödül Verilen Koşu Yarışması

Kasabada bir koşu yarışmasında sadece beşinci olana ödül verildi. Yüzlerce kişinin beşinci olmaya çalıştığı bir yarış daha önce görülmüş bir şey değildi. Tüm yarışmacılar beşinci olmak için kıyasıya bir yarış sergiledi. Kasaba halkı büyük bir neşeyle yarışı takip etti.

## Susuz Yüzme Yarışı

Bu yarış için yarışmacılar kasabada kurumuş bir gölde toplandı. Sanki su varmış gibi gölde yüzeceklerdi. Hiç kimse birinci olmak istemiyordu. Herkes sondan birinci olmak için mücadele etti. Bu yüzden on dakika sürmesi beklenen yarış; iki saat yirmi altı dakika sürdü. Ortaya çok komik görüntüler çıktı. Belki de ilk kez bir yüzme yarışında sondan birinci olana ödül verildi.

Böylece zamanla daha birçok farklı oyun ortaya çıktı.

Çocuklar, bu oyunlarda sadece kazanmaya odaklanmıyordu. Artık çok iyi bildikleri bir şey vardı: Kaybetmek de kazanmak kadar normaldi. Önemli olan, oynarken eğlenebilmekti.

Bu arada Olmayan Niyazi, ülkenin her yerinde kısa sürede büyük bir fenomene dönüşmüştü. Hemen hemen her oyunda artık o da vardı. Bazen yüzlerce metre yükseklikteki bir dağa keçi gibi tırmanıyordu. Bazen bir yarışta kurbağalama tekniğiyle yüzme rekoru kırıyordu. Bazen de oyunlarda süper kahraman gibi çocuklara yardıma koşuyordu.

Olmayan Niyazi hakkında bir sürü dedikodu dolaşıyordu. Her yerde ondan bahsediliyordu. Okulda, pazarda, markette, parkta, AVM'de, sokakta... Çocuklar her yerde onu gördüklerini söylüyordu. O, her oyuna katılabilen bir **joker** oyuncu olmuştu. Herkes oynadığı oyunda Niyazi'nin de olmasını sevmişti. Niyazi'nin olmadığı bir oyun artık düşünülemiyordu.

Onun hakkında şiirler yazılıyordu. Resimler yapılıyordu. Okul bahçelerinde ondan övgüyle söz ediliyordu. Tişörtleri, ayakkabıları, bileklikleri, kolyeleri, kalemlikleri, resimli çıkartmaları, defterleri, kasabalarda her yeri "Olmayan Niyazi" tasarımları süslüyordu. Bazı çocukların rüyalarına bile giriyordu. Herkesin dilindeydi. Çocuklar için gerçek bir oyun kahramanı olmuştu.

Tüm bunlar olurken bir sabah, okullarda **Okullar Arası Topsuz Basketbol Turnuvası** duyurusu yapıldı. Duyuruda **"Hayal gücünüzle basketbol oynamaya hazır mısınız?"**

yazıyordu. Kasabalardan birçok okul turnuvaya katılmak için hemen başvuru yaptı. Okullarda öğrenciler arasında büyük bir heyecan başladı. Hazırlıklar günlerce sürdü. Antrenmanlar yapıldı. Taktikler hazırlandı. Gece gündüz herkes turnuvaya odaklandı.

Moni, turnuvaya hazırlık aşamasında arkadaşlarının hayal gücünü harekete geçirmek için bir oyun listesi bile hazırladı.

## OYUN LİSTESİ

### 1. Benzetme Oyunu

Bulutlara bak! Ağaçları gözlemle! Taşları incele! Onları başka bir şeylere benzetmeye çalış!

Örnek: Bir bulutu bir hayvana benzet.

### 2. Ayna Oyunu

Bir ayna olduğunu düşün! Gördüğün her şeyi taklit et!

**Örnek:** Sen ayna ol. Arkadaşın ne yapıyorsa sürekli onu taklit et.

### 3. Tahmin Oyunu

Sokakta yürürken gördüğün bir çocuğun nereye gittiğini arkadaşlarınla tahmin etmeye çalış.

**Örnek:** Jüpiter'e bilimsel bir keşif için gidiyor.

Everest Dağı'nın zirvesine tırmanmaya gidiyor.

Dünyanın en büyük futbolcusu olmaya gidiyor.

### 4. Eşya Oyunu

Bir nesneyi farklı bir şekilde hayal et.

**Örnek:** Bir ağaç dalını sihirli bir asa yap! Mikrofon yap. At yap. Olta yap. Gitar yap. Oyunda neye ihtiyacın varsa o ağaç dalını öyle hayal et.

### 5. En İyi Taklit Oyunu

Bu oyunu arkadaşlarınla grup olarak oyna. Taklit yeteneğini geliştir.

Örnek: Arkadaşlarınla çember olun. Çemberde en iyi "kedi" taklidi yapan arkadaşınızı ortaya alın. Ortaya gelen her oyuncunun taklit edilecek şeyi söylemesiyle oyuna devam edin.

Ka

## 6. Robot Oyunu

Bir robot olduğunu düşün. Robot gibi yürü. Robot gibi hareket et. Robotik bir sesle konuş.

**Örnek:** Ev içerisinde robot gibi dolaşarak dağınık eşyalarını topla.

## 7. Çantamda Ne Var Oyunu

Çantana sevdiğin bir eşyayı sakla. Arkadaşın onu görmeden ne olduğunu bulmaya çalışsın.

**Örnek:** Sevdiğin bir oyuncağı çantana sakla. Arkadaşının çantadaki ne olduğunu bilmesi için ona oyuncakla ilgili bilgiler ver. Arkadaşın oyuncağın ne olduğunu bulana kadar oyuna devam et.

## 8. Kelime Dedektifleri Oyunu

Bir arkadaşından iki harfli bir hece söylemesini iste. O heceyle başlayan kelimeleri birlikte arayın.

**Örnek:** Ka ile başlayan kelimeleri birlikte arayın. Kahve, kadın, kabuk, kabak, kaz, kaş, karanfil, kar, kano, kanepe, kayık, kaşık, kargı...

## 9. Havada Resim Çizme Oyunu

İşaret parmağınla havaya resimler çiz. Çizdiğin resmin ne olduğunu arkadaşın bulmaya çalışsın.

**Örnek:** Havaya uçan bir fil resmi çiz.

## 10. Farklı Şekilde Yapma Oyunu

Sürekli yaptığın bir davranışı farklı bir şekilde yapmaya çalış.

**Örnek:** Farklı şekillerde kitap oku. El feneriyle kitap oku. Şarkı söyleyerek kitap oku. Fısıldayarak kitap oku. Yüksek sesle kitap oku. Masanın altında kitap oku.

## 11. Tersini Yapma Oyunu

Arkadaşın ne yapıyorsa sen tam tersini yap!

**Örnek:** Bu oyunu iki kişi veya grupla karşılıklı oynayabilirsin. Arkadaşın ayakta duruyorsa sen otur. Arkadaşın elini havaya kaldırıyorsa sen elini aşağı indir.

Turnuva başlayana kadar çocuklar listedeki oyunları oynayarak pratik yaptılar. Her gün oyun üretme becerilerini geliştirdiler. Oyun içerisinde bile oyun oynayabiliyorlardı artık. Her an bir oyunu kurgulayabiliyorlardı. Oyun gelişimleri muazzamdı.

Beklenen turnuva günü geldi çattı. Heyecan doruktaydı. İnsanlar turnuvaya çok büyük bir ilgi gösterdi. Stadyumda iğne atsan yere düşmezdi.

Gazeteler, haber kanalları bu ilginç organizasyonu haber yapmak için âdeta birbiriyle yarıştı.

Turnuva sonunda şampiyon okul takımına cafcaflı bir kupa hediye edilecekti. Turnuva organizatörleri düşünüp taşındılar. Kupayı şampiyon takıma onur konuğu olarak belirlenen Olmayan Niyazi'nin vermesini istediler. Bu kesinlikle onun hakkıydı.

Olmayan Niyazi bu teklifi büyük bir gururla kabul etti. Beklenen an gelmişti. Ödül töreninde tüm gözler onu arıyordu. Niyazi ilk kez orada göründü. Muhteşem ilgi karşısında çok şaşırmıştı. Biraz da yoğun ilgiden dolayı utanmıştı. Fotoğraf makinelerinden flaşlar patlıyordu. Herkes işaret parmağıyla onu gösteriyordu. İşte Olmayan Niyazi oradaydı. Tüm gözler onun üzerindeydi. Ekran başında da binlerce insan büyük bir heyecanla gözünü kırpmadan ona bakıyordu. Hiç kimseden çıt çıkmıyordu. Herkes tarihî bir ana tanıklık ediyor gibi büyülenmişti. Sessizliği bozan Niyazi oldu.

- Hepinize çok teşekküy edeyim aykadaşlay.

O anda çığlıklar, ıslıklar, alkışlar, konfetiler, tezahüratlar havada uçuştu.

- Kahraman Niyazi!

- Nİ-YA-Zİ!

- Olmayan Niyazi!

- Nİ-YA-Zİ!

- Şampiyon Niyazi!

- Nİ-YA-Zİ!

Niyazi, şampiyon takıma büyük bir coşkuyla kupasını verdi. Söylenenlere göre kupa, altından yapılmıştı ama o kupayı daha hiç kimse göremedi.

# HAYAL OLİMPİYATLARI

İşte haftalar, aylar böyle oyunlarla geçti. Çocuklar her gün oyun oynadılar. Oyunları tekrar tekrar oynayarak ustalaştılar. Ustalaştıkları oyunları hayallerinden bir şeyler katarak geliştirmeye başladılar. Doyasıya eğlendiler. Sıra öğretmenin yıl sonu için tasarlamalarını istediği oyuna gelmişti.

Bir akşam dişini fırçalarken Moni'nin aklına muhteşem bir fikir geldi.

Aniden evin içerisinde bağırarak koşmaya başladı.

- Yaşasın, bulduuuuuuum!

Annesi, babası ve kardeşi büyük bir şaşkınlıkla onu izliyordu.

Babaannesi merakla sordu:

- Ne bu gürültü patırtı evladım? Yine ne buldun?

- Dünyanın en büyük oyununu oynayacağız babaanne, dedi Moni. Aylardır peşinde olduğum oyunu buldum.

Moni, bu sefer tüm dünya çocuklarının oyun oynayabileceği bir organizasyon hayal ediyordu. Bu devasa organizasyona

**"Hayal Olimpiyatları"**

adını vermişti. Çantadan bu sefer bir olimpiyat çıkmıştı.

Çok Yaşa
Ni-ya-zi
NİYAZİ OLİMPİYAT STADYUMU

Ertesi sabah okula gider gitmez hayalini arkadaşlarına anlatmaya başladı.

- Yüz binlerce çocuk... Yüz binlerce oyun... Hayal Olimpiyatları!

Hayal Olimpiyatları'na her çocuk istediği oyunla katılabilecekti. Çocukların katılabileceği oyun, bir oyunun değiştirilmiş hâli olabilirdi. Kuralları değiştirilmiş bir oyun da olabilirdi. Veya daha önce hiç oynanmamış bir oyun da olabilirdi.

Sınıftaki tüm çocuklar büyülenmiş bir şekilde can kulağıyla dinledi Moni'yi. Bu **ŞAHANE** bir fikirdi. Çocuklar hemen hazırlıklara başladı. Herkese bir **Hayal Olimpiyatları Davetiyesi** göndermeye karar verdiler. Başvuru formu davetiyenin arkasında olacak ve olmayan Niyazi de bu olimpiyatın başkanlığını yapacaktı. Niyazi, başkanlık fikrini ilk duyduğunda "Hayika! Olimpiyatlaya katılacak çocuklaya veyeceğim madalyayı tasaylayabiliyim hemen." dedi.

Niyazi hemen bir madalya tasarladı. Davetiyeyle birlikte her çocuğa olimpiyatlara katıldığı için bir madalya hediye etmek istiyordu.

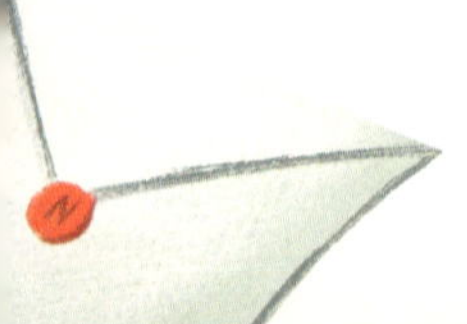

- Sonya unutuyoyum! Kimse madalya falan göymedik demesin. Şimdiden davetiyeyle biylikte madalyalayı da göndeyelim aykadaşlay!

**İşte kahramanlarımızın gönderdiği bu davetiye senin!** Bu madalyayı gururla takabilirsin. Sen bir oyun kahramanısın. Haydi, artık sen de bu oyuna katılabilirsin!

## HAYAL OLİMPİYATLARI DAVETİYESİ

Oyun, bizim en büyük gücümüz. Oyun oynarken istediğin her şeye dönüşebilirsin. Senin oyun çantanda her şey var. Senin çantanda; fil, zebra, kirpi, yunus balığı, hipopotam, ahtapot var. Senin çantanda; futbolcu, doktor, aşçı, itfaiyeci, öğretmen var. Senin çantanda; araba, uçak, tren, gemi, roket var. Sen bu dünyada hayal ettiğin her şeyi gerçekleştirebilirsin. Bir rokete binip Mars'a gidebilirsin. Dev dalgaların arasında gemini yüzdürebilirsin. Çantandan çıktığını hayal ettiğin her şeyle bir oyunu başlatabilirsin.

Parolamızı unutma! Bir oyunu başlatmak için sadece "Çantamdan Fil Çıktı" demen yeterli. Bunu dediğin anda eğlence başlar.

Hayal Olimpiyatları'na sen de bir oyunla katılmak ister misin?

Senin Çantandan Ne Çıktı?
Sen, Hayal Olimpiyatları'na hangi oyunla katılmak istiyorsun?
#ÇantamdanFilÇıktı
diyerek olimpiyatlarda oynayacağın oyunu paylaşabilirsin.